Maravillas

MI LIBRO DE LECTURA Y ESCRITURA

Mc Graw Hill

COVER: Nathan Love.

mheducation.com/prek-12

Send all inquiries to:
McGraw-Hill Education
Two Penn Plaza
New York, New York 10121

ISBN: 978-0-07-702800-8
MHID: 0-07-702800-7

Printed in the United States of America.

9 LON 25 A

¡Bienvenidos a Maravillas!

Explora textos apasionantes de **Literatura**, **Ciencias** y **Estudios Sociales**.

- ★ **LEE** acerca del mundo que te rodea.
- ★ **PIENSA**, **HABLA** y **ESCRIBE** sobre géneros literarios.
- ★ **COLABORA** en charlas e investigaciones.
- ★ **¡EXPRÉSATE!**

my.mheducation.com

Con tus datos de acceso podrás leer textos, practicar fonética, ortografía, gramática y mucho más.

Unidad 3 A visitar lugares

La gran idea

¿Qué aprendes si visitas otros lugares? 6

Semana 1 • Reglas que hay que cumplir

ESTUDIOS SOCIALES

Comentalo 8

Superlibro de literatura *¿Cómo van los dinosaurios a la escuela?*

Escritura Responde al Superlibro 10

Detalles clave 12

Analizar el texto 14

Lectura compartida

"¡Así sí puedo!" 16

Lectura complementaria "Las reglas nos protegen"

Analizar el texto 22

Lectura compartida

"Mala pata" 24

Búsqueda e investigación 30

Haz conexiones 32

Semana 2 • Sonidos a nuestro alrededor

CIENCIAS

Coméntalo 34

Superlibro de literatura *La ratita presumida*

Escritura Responde al Superlibro 36

Detalles clave 38

Analizar el texto 40

Lectura compartida

"El sonido" 42

Lectura complementaria "Sonidos por todas partes"

Analizar el texto 48

Lectura compartida

"El día de Dani" 50

Búsqueda e investigación 56

Haz conexiones 58

Martin Poole/The Image Bank/Getty Images

Recursos digitales *Consulta este libro electrónico y otros recursos en:* **my.mheducation.com**

Semana 3 • Lugares a los que vamos

ESTUDIOS SOCIALES

Coméntalo 60

Superlibro de literatura *Lo que más me gusta*

Escritura **Responde al Superlibro** 62

Personaje, ambiente, sucesos 64

Analizar el texto 66

Lectura compartida

"La visita" 68

Lectura complementaria **"El vecindario"**

Analizar el texto 74

Lectura compartida

"De paseo" 76

Búsqueda e investigación 82

Haz conexiones 84

Unidad 3

A visitar lugares

La gran idea

¿Qué aprendes si visitas otros lugares?

Conversa sobre los lugares que ves en la ilustración. Túrnate con un compañero para hablar.

Encierra en un círculo los lugares que visitas en tu pueblo o ciudad.

RESTAURANTE
MARIO
TACOS • BURRITOS
FRUTERÍA
PA
Escuela Pinar

Coméntalo

Pregunta esencial ¿Qué reglas debemos cumplir en los lugares que visitamos?

Comenta a qué juegan estos niños.

Dibújate jugando a un juego.

Escribe acerca de una regla de ese juego.

Una regla es

Blend Images/Alamy

Leer

Responde al Superlibro

Vuelve a contar el cuento.

Escribe acerca del cuento.

Una parte divertida del cuento es

____

____

Evidencia en el texto

Página

Una parte no muy divertida es

____

____

____

Evidencia en el texto

Página

Conversa acerca de las reglas que sigues en la escuela.

Dibuja y **escribe** acerca de una regla que sigas en la escuela.

La regla es

Releer

Superlibro

Los detalles clave dan información importante que sirve para entender el cuento.

Escucha una parte del cuento.

Comenta los detalles clave.

Escribe dos detalles clave.

Dos detalles clave son

1. ______________________________

2. ______________________________

Dibuja uno de los detalles que escribiste.

Comenta por qué el detalle es importante.

Releer

Superlibro

Mira las páginas 14 a 21.

Comenta cómo se comportan los dinosaurios en la escuela.

Dibuja algo que hacen los dinosaurios.

Escucha las páginas 24 a 29.

Comenta lo que hacen los dinosaurios en la escuela. ¿Cómo cambió su comportamiento?

Dibuja algo que hacen los dinosaurios.

Haz inferencias

Este cuento tiene dos partes. La autora organizó el texto de esta manera para mostrar cómo cambian los dinosaurios. ¿En qué se diferencia la primera parte de la segunda? ¿Qué quiere la autora que sepas acerca de cómo deben comportarse los dinosaurios?

Lectura compartida

Buscar evidencias

Lee para saber lo que puede hacer la niña.

Encierra en un círculo la palabra **ella**.

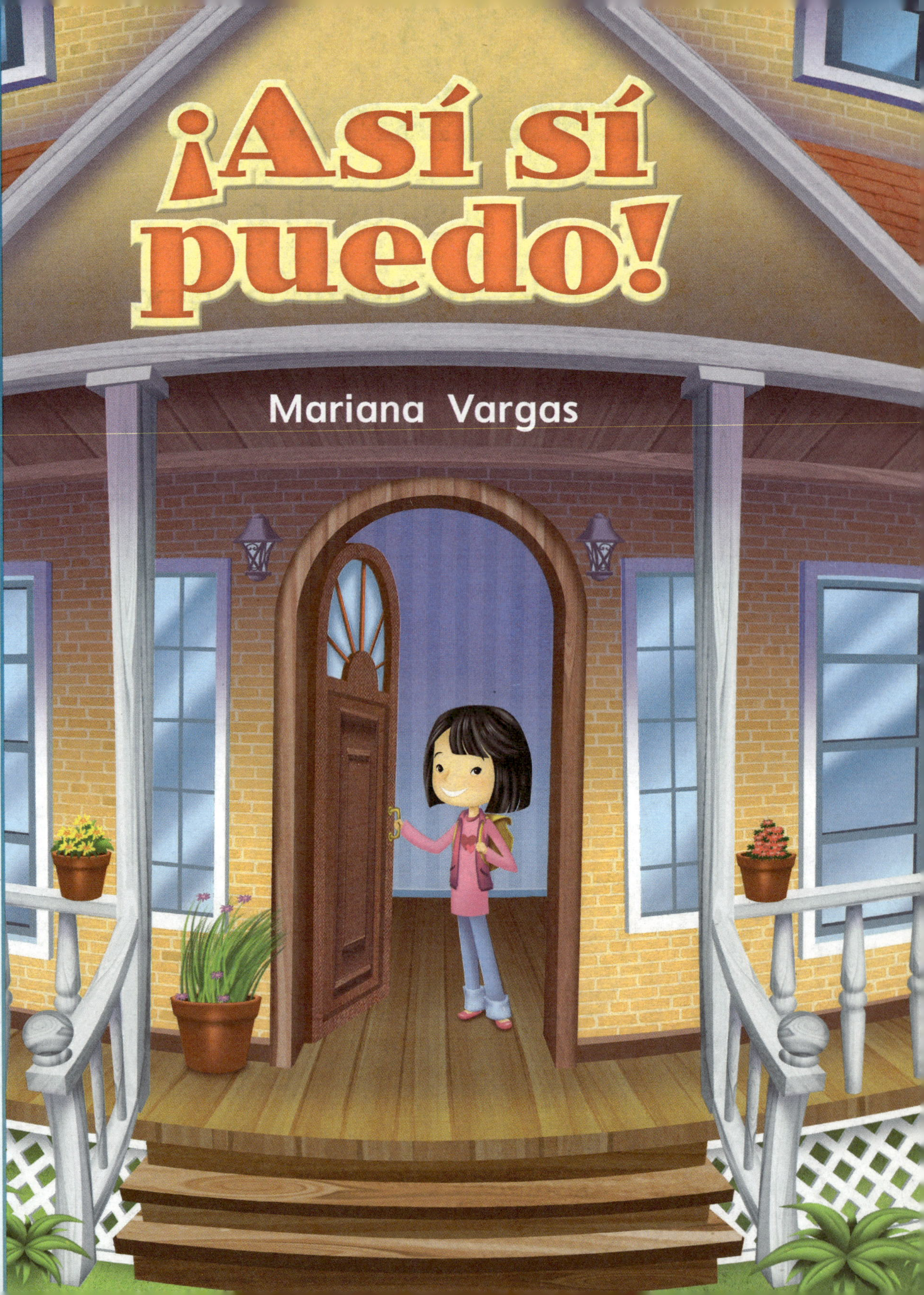

¡Así sí puedo!

Mariana Vargas

Ella es Amanda.

Lectura compartida

Buscar evidencias

Subraya la palabra que termina con la sílaba **no**.

Encierra en un círculo el dibujo que muestra una regla que cumple Amanda.

Amanda no sale sola.

Las dos salen de la mano.

Lectura compartida

Buscar evidencias

Encierra en un círculo el objeto que le muestra a Amanda cuándo puede pasar.

Vuelve a contar el cuento. Di lo que pasa en orden.

—Así no se pasa, Amanda.

—¡Así sí puedo, mamá!

Lectura complementaria

Releer

Mira la foto. ¿Cómo nos mantenemos a salvo cuando andamos en bicicleta?

Comstock/Stockbyte/Getty Images

Comenta cómo se protege el niño.

Encierra en un círculo lo que hace que el niño esté a salvo en la bicicleta.

Acuérdate

Para hablar sobre lo que nos protege, podemos decir:

Nos mantenemos seguros con ______.

______ *es peligroso.*

Escucha la lista "Reglas para andar en bicicleta".

Dibuja otra manera de estar a salvo cuando andas en bicicleta.

Escribe la nueva regla.

Coméntalo

¿Cómo muestra el autor la información sobre la seguridad?

Lectura compartida

Buscar evidencias

Lee para saber por qué el cuento se llama "Mala pata".

Encierra en un círculo todas las sílabas con **n** en la página 25.

Mala pata

Benjamín Rossi

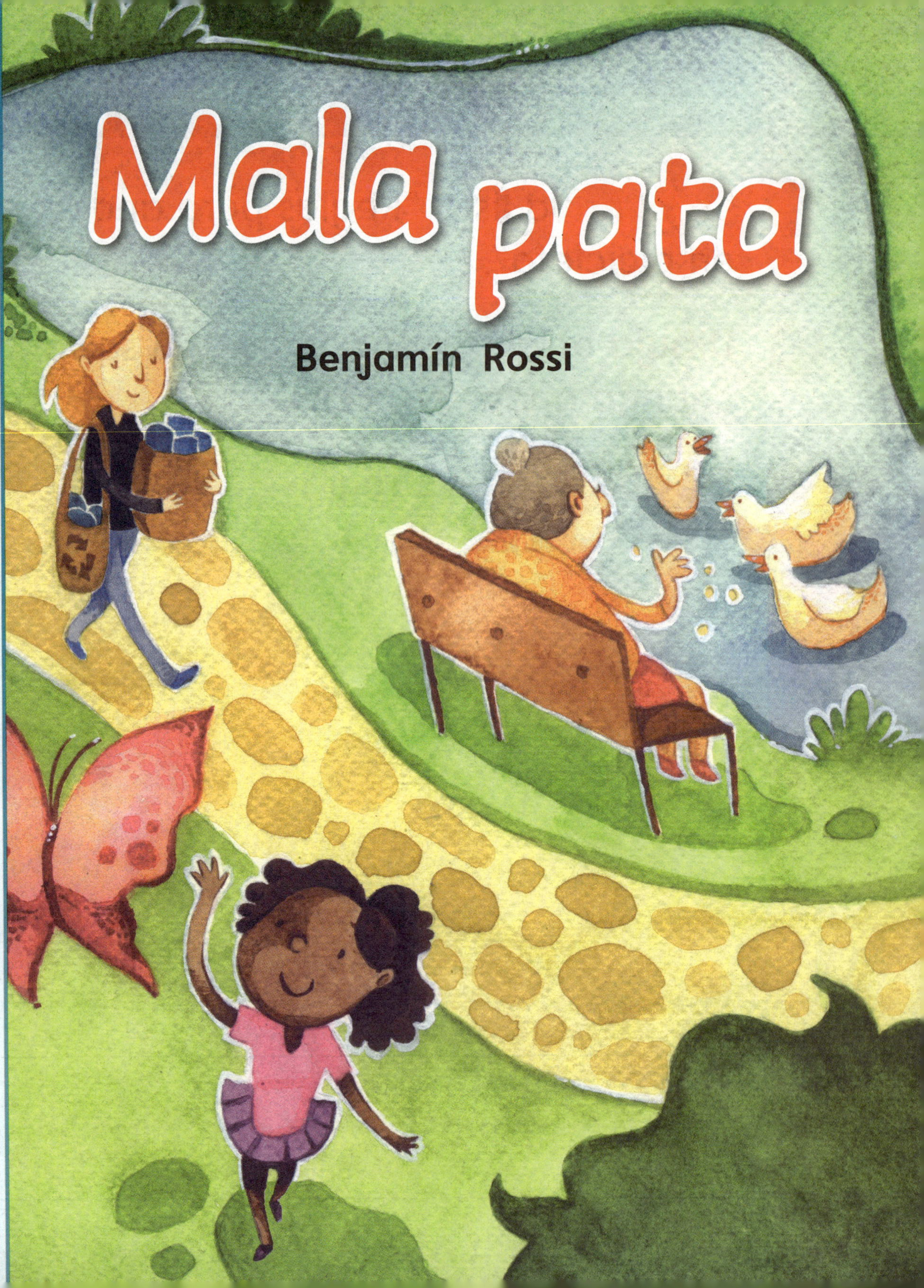

Nino y  leen.

abuelo

Lectura compartida

Buscar evidencias

Encierra en un círculo la palabra que indica lo que hace Monse. Usa la ilustración como ayuda.

Lee y señala cada palabra de la oración de la página 27.

Monse pasea.

¡Ella no ve la lata!

Lectura compartida

Buscar evidencias

Encierra en un círculo lo que pisa Monse.

Vuelve a contar el cuento. Usa las palabras y las ilustraciones como ayuda.

Monse pisa la lata... ¡mala pata!

¡Eso es, Nino!

Integrar

Búsqueda e investigación

Reglas que nos protegen

Paso 1 **Comenta** algunas reglas que seguimos para estar a salvo.

Paso 2 **Escribe** una pregunta acerca de las reglas que nos protegen en casa y en la escuela.

Paso 3 **Mira** libros o usa internet.

ESTUDIOS SOCIALES

Paso 4 **Dibuja** y **escribe** lo que aprendiste.

Las reglas que me protegen son

Paso 5 **Elige** una buena forma de presentar tu trabajo.

Integrar

Haz conexiones

Niños en un puesto de limonada del vecindario.

Conversa acerca de los niños de la foto. ¿Qué regla siguen?

Compara lo que hacen estos niños con lo que hacen los dinosaurios al final de *¿Cómo van los dinosaurios a la escuela?*

Acuérdate

Para hablar sobre reglas, podemos decir:

Una regla que seguimos es ________.

Esta regla es importante porque ____________________.

Lo que sé ahora

Piensa en los textos que leíste esta semana.

Los textos hablan de

Piensa en lo que aprendiste esta semana. ¿Qué más te gustaría saber? Coméntalo con un compañero.

Comenta algo que aprendiste acerca de los cuentos de ficción.

Coméntalo

Pregunta esencial ¿Qué sonidos oímos?

Comenta los sonidos que hacen los instrumentos musicales de la foto.

Dibújate tocando un instrumento musical y **escribe** acerca de tu dibujo.

Yo toco

A. Chederros/Onoky/Getty Images

Responde al Superlibro

Vuelve a contar el cuento.

Escribe acerca del cuento.

Uno de los sonidos de animales es

Evidencia en el texto

Página

El sonido que más me gusta del cuento es

Evidencia en el texto

Página

Conversa acerca de los sonidos que hacen los animales que conoces.

Dibuja uno de esos animales.

Escribe la palabra del sonido que hace el animal.

Releer

Superlibro

Los detalles clave dan información importante para entender el cuento.

Escucha una parte del cuento.

Comenta los detalles clave.

Escribe dos detalles clave.

Dos detalles clave son

1. ______________________________

2. ______________________________

Dibuja los dos detalles que escribiste.

1.

2.

Releer

Superlibro

Mira las páginas 12–13 y 16–17.

Conversa acerca de los diferentes tipos y tamaños de letra.

Escribe por qué el autor incluye palabras con letra grande y palabras en cursiva.

Las palabras en letras grandes muestran

Las palabras en cursiva muestran

Escucha las páginas 26–27.

Dibuja el animal que hace el sonido de estas páginas.

Comenta cómo sabes cuál es el animal.

Lectura compartida

Buscar evidencias

Lee para saber lo que escucha el niño.

Encierra en un círculo la palabra **y**.

El sonido

Noelia Manzur

Oigo *pi, pi y pi.*

Lectura compartida

Buscar evidencias

Subraya la palabra que tiene dos sílabas con **d**.

Lee y señala cada palabra de la oración de la página 45.

¿Es la tele, Dido?

¿Es una moto?

Lectura compartida

Buscar evidencias

Encierra en un círculo la cosa cuyo nombre termina con la misma sílaba que **pido**.

Vuelve a contar el cuento. Usa las palabras y las ilustraciones como ayuda.

¿No es nada?

¡Es un nido!

Lectura complementaria

Mira la foto. ¿Cómo producen sonidos los instrumentos?

El aire hace vibrar la trompeta.

Encierra en un círculo el instrumento musical.

Dibuja líneas para mostrar de dónde sale el sonido del instrumento.

Acuérdate

Vibrar significa "moverse con rapidez con movimientos pequeños de un lado a otro".

Comenta la foto y el pie de foto.

Escribe lo que el pie de foto dice acerca de la foto.

Las manos golpean los tambores y los hacen vibrar.

El pie de foto dice

Coméntalo

¿Qué muestran las fotos acerca de dónde provienen los sonidos? ¿Qué información añaden los pies de foto?

Lectura compartida

Buscar evidencias

Lee para saber qué hace Dani.

Encierra en un círculo la **D** mayúscula en el título.

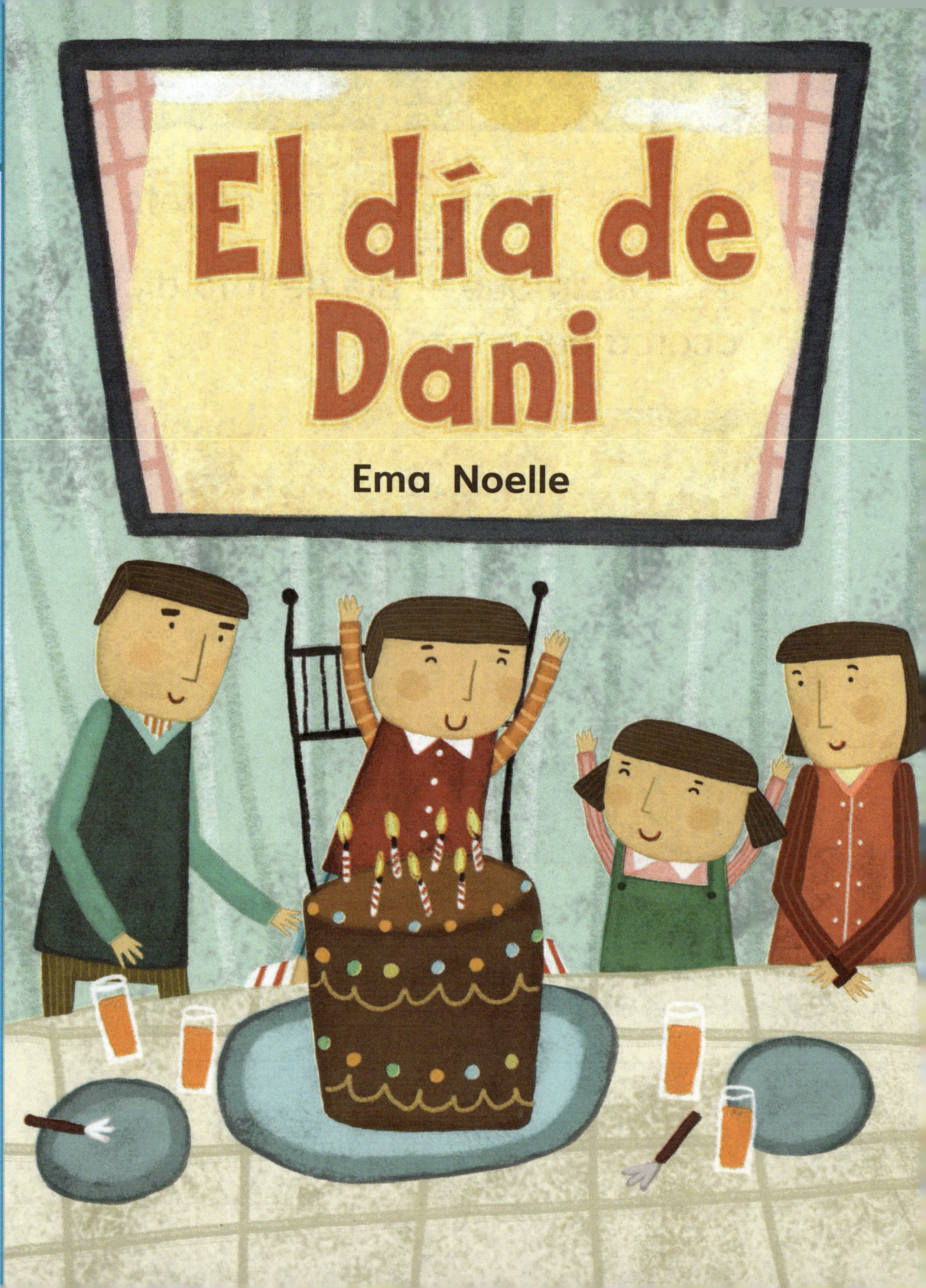

¡No veo nada!

Lectura compartida

Buscar evidencias

Encierra en un círculo las palabras que empiezan con el mismo sonido y letra que **dado**.

Subraya la palabra **y**.

Dame la mano, Dani,

y usa tu oído.

Lectura compartida

Buscar evidencias

Encierra en un círculo el instrumento musical.

Vuelve a contar el cuento. Usa las palabras y las ilustraciones como ayuda.

Oigo un sonido.

¡Es tu día, Dani!

Integrar

Búsqueda e investigación

Investiga los sonidos

Paso 1 **Comenta** con qué objetos puedes producir sonidos. Elige algunos para experimentar con ellos.

Paso 2 **Escribe** una pregunta acerca de los sonidos que puedes hacer con esos objetos.

Paso 3 **Experimenta** con tus objetos. Prueba diferentes maneras de hacer sonidos.

Paso 4 **Dibuja** cómo hiciste que los objetos sonaran. **Rotula** tu dibujo con la palabra del sonido.

Paso 5 **Elige** una buena manera de presentar tu trabajo.

Integrar

Haz conexiones

Din dan don

Din dan, din don dan,
campanitas sonarán.

Din dan, din don dan,
que a los niños dormirán.

Dindilín dandalán dandalán dan,
las estrellas brillarán.

Cierra los ojos y duérmete ya,
porque la noche muy pronto vendrá.

Dan, dan, dan.

Escucha el poema. Repite las palabras que representan sonidos.

Compara estos sonidos con los que aprendiste esta semana.

Conversa acerca de las palabras del poema. ¿Qué objeto produce sonido?

Acuérdate

Para hablar sobre los sonidos, podemos decir:

El sonido de __ es __.

________ hace un sonido (fuerte/suave).

Lo que sé ahora

Piensa en los textos que leíste esta semana.

Los textos hablan de

Piensa en lo que aprendiste esta semana. ¿Qué más te gustaría saber? Coméntalo con un compañero.

Comenta algo que aprendiste acerca de los cuentos de ficción.

Coméntalo

Pregunta esencial ¿A qué lugares vas durante la semana?

Conversa sobre el lugar de la foto.

Dibuja un lugar al que vas en tu vecindario.

Rotula tu dibujo.

Este lugar es

Leer

Responde al Superlibro

Vuelve a contar el cuento.

Escribe acerca del cuento.

El ambiente de este cuento es

Evidencia en el texto

Página

Un lugar interesante del cuento es

Evidencia en el texto

Página

Menciona lugares de tu vecindario a los que puedes llevar a una mascota.

Dibuja y **escribe** acerca de ellos.

Puedo llevar a mi mascota

Superlibro

Los cuentos de ficción son historias inventadas en las que hay personajes.

Escucha una parte del cuento.

Conversa acerca del personaje principal.

Escribe un detalle acerca del personaje.

Este personaje

Dibuja el personaje y el detalle que escribiste.

Releer Superlibro

Escucha las páginas 4 a 9. ¿Qué personaje está contando la historia?

Dibuja y **escribe** acerca del personaje y lo que le gusta.

Me gusta

Mira las páginas 20 y 21.

Comenta qué claves da el ilustrador para mostrar quién cuenta el cuento.

Dibuja una de esas claves.

Lectura compartida

Buscar evidencias

Lee para saber a quién visita la niña.

Subraya la palabra que empieza con la sílaba **va**.

La visita

Roque Iñíguez

Voy a  de mi tía Vane.

casa

Lectura compartida

Buscar evidencias

Subraya la palabra **voy**.

Encierra en un círculo al personaje que cuenta el cuento.

Voy a la  .
tienda

Voy de paseo.

Lectura compartida

Buscar evidencias

Encierra en un círculo la palabra que empieza con la sílaba **vi**.

Vuelve a contar el cuento. Usa las palabras y las ilustraciones como ayuda.

Visito a mi tía Vane.

¡Amo a mi tía Vane!

Releer

Lectura complementaria

Mira el mapa y la clave del mapa. ¿Qué información nos dan acerca de los lugares del vecindario?

Conversa sobre los dibujos de la clave.

Dibuja una línea para unir esos dibujos con los lugares del mapa que representan.

Acuérdate

Cada dibujo de la **clave del mapa** muestra un lugar del **mapa**.

Comenta qué lugares muestra el mapa.

Dibuja y **escribe** lo que las personas hacen en uno de esos lugares.

Coméntalo

¿Qué información da el mapa acerca del vecindario? ¿Cómo te ayuda la clave a usar el mapa?

Lectura compartida

Buscar evidencias

Lee para saber adónde van la niña y su mamá.

Piensa en lo que verán la niña y su mamá en el museo. Imagina lo que verán.

De paseo

UpperCut Images/Getty Images

Visito el museo.

(t) McGraw-Hill Education, Adeet Deshmukh, photographer; (b) Aga Kowalska

Lectura compartida

Buscar evidencias

Subraya la palabra que empieza con la sílaba **ve**.

Encierra en un círculo lo que ve la niña.

Veo un  .

taxi

(t) Glow Images, Inc/Getty Images; (b) Aga Kowalska

Voy a un  .
mercado

(t) Junko Takahashi/a.collectionRF/Getty Images; (b) Aga Kowalska

Lectura compartida

Buscar evidencias

Encierra en un círculo la palabra **voy**.

Vuelve a contar el texto. Cuenta lo que sucede en orden.

Tomo el .
autobús

(t) UpperCut Images/Getty Images; (b) Aga Kowalska

¡Así voy de paseo!

Integrar

Búsqueda e investigación

Lugares de la escuela

Paso 1 **Conversa** acerca de los lugares de tu escuela. Elige uno e investígalo.

Paso 2 **Escribe** una pregunta acerca de ese lugar.

Paso 3 **Visita** el lugar que elegiste. Haz tu pregunta a las personas que estén allí.

Paso 4 **Dibuja** y **escribe** lo que aprendiste.

Paso 5 **Elige** una buena forma de presentar tu trabajo.

Integrar

Haz conexiones

Conversa acerca de este mercado comunitario.

Compara este mercado con los otros lugares del vecindario sobre los que leíste esta semana.

Acuérdate

Para hablar sobre el mercado, podemos decir:

En el mercado hay _______ fresca.

Podemos comprar _________.

Lo que sé ahora

Piensa en los textos que leíste esta semana.

Los textos hablan de

Piensa en lo que aprendiste esta semana. ¿Qué más te gustaría saber? Coméntalo con un compañero.

Comenta algo que aprendiste acerca de los cuentos de ficción.

Tarjetas de fonética

Aa

a
abeja

Bb

ba be bi
bo bu
bate

Cc

ca co cu
camello

Cc

ce ci
cepillo

Ch ch

cha che chi
cho chu
chaleco

Dd

da de di
do du
delfín

Ee

e
elefante

Ff

fa fe fi
fo fu
fuego

Gg

gue gui güe güi
ga go gu
guitarra

Gg

ge gi
gema

Hh

ha he hi
ho hu
hipopótamo

Ii

i
iguana

Jj

ja je ji
jo ju
jirafa

Kk

ka ke ki
ko ku
koala

Ll

la le li
lo lu
limón

Ll ll

lla lle lli
llo llu
llave

Mm

ma me mi
mo mu
mapa

Nn

na ne ni
no nu
nido

Ññ

ña ñe ñi
ño ñu
ñandú

Oo

o
oso

Pp

pa pe pi
po pu
piano

Qq

que qui
queso

Rr

ra re ri ro ru
-rra -rre -rri
-rro -rru
rosa

Rr

-ra -re -ri -ro -ru
pera

Ss

sa se si
so su
sol

Tt

ta te ti
to tu
tortuga

Uu

u
uvas

Vv

va ve vi
vo vu
volcán

Yy

ya ye yi
yo yu
yo-yo

Zz

za ze zi
zo zu
zapato

Credits: (abeja) IT Stock Free/Alamy; (bate) Radlund & Associates/Artville/Getty Images; (camel) Dave Stamboulis Travel Photography/Flickr/Getty Images; (delphin) imagebroker/Alamy; (elephant) Ingram Publishing/Alamy; (fire) Comstock Images/Alamy; (guitar) Jules Frazier/Photodisc/Getty Images; (hipopotamo) Michele Burgess/Corbis; (iguana) Creatas/PunchStock; (jirafa) Ingram Publishing/Alamy; (koala) ©Al Franklin/Corbis; (limon) C Squared Studios/Photodisc/Getty Images; (nest) Siede Preis/Photodisc/Getty Images; (nandu) Photodisc/Getty Images; (oso) Photodisc/Getty Images; (piano) Photo Spin/Artville/Getty Images; (queso) John A. Rizzo/Photodisc/Getty Images; (rosa) Steve Cole/Photodisc/Getty Images; (sol) 97/E+/Getty Images; (tortuga) Ingram Publishing/Fotosearch; (uvas) Ingram Publishing/Alamy; (vocan) Westend6l/Getty Images; (yo-yo) D. Hurst/Alamy; (zapatos) C Squared Studios/Photodisc/Getty Images